Section One — Numbers

Ordering Numbers and Place Value P.1

Q1 a) 5, 13, 18, 23, 54, 67, 89, 117, 374, 716

b) 46, 73, 231, 233, 376, 494, 817, 1101, 1272, 2319

Q2 two hundred and seventy eight pounds and four pence

Q3 a) tens
b) tens
c) hundreds
d) units
e) thousands
f) thousands
g) tens of thousands
h) hundreds of thousands
i) hundreds
j) hundredths
k) tenths
l) thousandths

Q4 a) 2.34, 2.43, 3.24, 3.42, 4.23, 4.32
b) 6.64, 6.642, 6.7, 6.704, 6.741
c) 102.8, 108.2, 1002.8, 1008.2, 1020.8
d) £400.02, £400.20, £402.02, £402.20, £402.22

Addition and Subtraction P.2

Q1 a) 41   b) 106
c) 95   d) 123
e) 294   f) 724
g) 23   h) 22
i) 65   j) 38
k) 452   l) 327

Q2 From top to bottom:
a) 1, 3
b) 9, 1, 5
c) 1, 6, 3
d) 4, 7, 8

Q3 £12 447

Q4 £3269

Q5 a) 5.6   b) 8.1
c) 12.1   d) 13.41
e) 14.01   f) 40.81
g) 4.7   h) 4.7
i) 5.4   j) 0.9
k) 9.95   l) 3.69

Q6 £7.35

Multiplying by 10, 100, etc. P.3

Q1 a) 10   b) 10
c) 100   d) 100
e) 1000   f) 1000

Q2 250

Q3 9300

Q4 a) 80   b) 3400
c) 5200   d) 9000
e) 436 000   f) 2
g) 69   h) 473

Q5 160

Q6 £29.90

Q7 £245

Q8 a) 600   b) 28 000   c) 5000
d) 1 260 000   e) 9 000 000

Q9 £301

Dividing by 10, 100, etc. P.4

Q1 a) 3   b) 4.3
c) 0.58   d) 6.32
e) 0.05   f) 4
g) 4.23   h) 2.286
i) 0.615   j) 0.0296
k) 6   l) 6.334
m) 0.7536   n) 0.00815
o) 4   p) 43
q) 8   r) 12
s) 4.3   t) 2.13

Q2 £6.20

Q3 1.58 m

Q4 1.4 g

Q5 1.14

Multiplying Without a Calculator P.5

Q1 a) 46   b) 120
c) 212

Q2 a) £3.24   b) £9.12

Q3 a) 12.8   b) 52.6
c) 7.44

Q4 Missing answers reading across:
474.5, 949, 1898, 4745

Q5 a) 53 m   b) 159 m
c) 795 m

Q6 a) 7.62 cm   b) 182.88 cm
c) 4114.8 cm

Dividing Without a Calculator P.6

Q1 b) 43
c) 278
d) 117

Q2 Each pays £16

Q3 118 calories in each slice

Q4 b) 2.5   c) 12
d) 15   e) 5

Q5 £1.17

Q6 1.39 m

Negative Numbers P.7

Q1

-5 -4 -3   0 1 2 3

Q2 a) >   b) <
c) <   d) >
e) <   f) >

Q3 2, 0.5, −1.5, −2, −8

Q4 a) Colder
b) −9 °C

Q5 a) −6   b) 4
c) −1   d) −73
e) −10   f) −10

Q6 a) −6   b) −2
c) 1   d) 2

Special Number Sequences P.8

Q1 a) even numbers; 10, 12, 14
b) odd numbers; 9, 11, 13
c) square numbers; 25, 36, 49
d) cube numbers; 125, 216, 343

Q2 a) 32, 64, 128, 256
b) 1, 8, 27, 64
c) 49, 81, 121, 169
d) 1000, 10 000, 100 000, 1 000 000

Prime Numbers P.9

Q1 2, 3, 5, 7, 11, 13, 17, 19, 23, 29

Q2 27 is divisible by 3

Q3 a) 2
b) eg 23 or 37
c) 13 or 17
d) 13 and 7 or 17 and 3
e) eg 1 or 21

Q4 41, 43, 47

Q5

1	②	③	4	⑤	6	⑦	8	9	10
⑪	12	⑬	14	15	16	⑰	18	⑲	20
21	22	㉓	24	25	26	27	28	㉙	30
㉛	32	33	34	35	36	㊲	38	39	40
㊶	42	㊸	44	45	46	㊼	48	49	50
51	52	㉓	54	55	56	57	58	㉓	60
㉑	62	63	64	65	66	㊇	68	69	70
㉑	72	㉓	74	75	76	77	78	㉙	80
81	82	㈳	84	85	86	87	88	㉙	90
91	92	93	94	95	96	㉗	98	99	100

Q6 Judo and kendo as 29 and 23 are prime.

Q7 eg 2 + 3 + 5 = 10,
5 + 11 + 13 = 29,
11 + 13 + 17 = 41

Answers: P.10 — P.18

Multiples, Factors and Prime Factors P.10-P.11

Q1 **a)** 4, 8, 12, 16, 20
b) 7, 14, 21, 28, 35
c) 12, 24, 36, 48, 60
d) 18, 36, 54, 72, 90

Q2 **a)** 12 **b)** 35
c) 42 **d)** 180
Other answers are possible here — ask your teacher.

Q3 24
Other answers are possible.

Q4 **a)** 24 **b)** 48
c) 72
Other answers are possible.

Q5 **a)** 14, 20, 22, 50, 70
b) 20, 35, 50, 55, 70
c) 14, 35, 70, 77
d) 22, 55, 77, 99

Q6 1, 2, 3, 4, 5, 6, 8, 9, 10 should all be circled.

Q7 Any 5 of:
2 groups of 24, 3 groups of 16,
4 groups of 12, 6 groups of 8,
8 groups of 6, 12 groups of 4,
16 groups of 3, 24 groups of 2.

Q8 **a)** 42 tiles by 1 tile
b) 7 tiles by 6 tiles

Q9 **a)** 6 **b)** 36

Q10 E.g.:

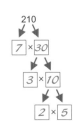

$88 = 2 \times 2 \times \underline{2 \times 11}$ $210 = \underline{7 \times 3 \times 2 \times 5}$

LCM and HCF P.12

Q1 **a)** 6, 12, 18, 24, 30, 36, 42, 48, 54, 60
b) 5, 10, 15, 20, 25, 30, 35, 40, 45, 50
c) 30

Q2 **a)** 1 **b)** 2
c) 5 **d)** 3
e) 7 **f)** 11

Q3 **a)** 15 **b)** 24
c) 30 **d)** 90
e) 42 **f)** 132

Q4 **a)** 7th June
b) 16th June
c) Sunday (1st July)
d) Lars

Fractions, Decimals and Percentages P.13

Q1 **a)** 0.5 **b)** 0.75
c) 0.7 **d)** 0.95
e) 0.01 **f)** 0.375
g) 0.002 **h)** 0.333...

Q2 **a)** 25% **b)** 30%
c) 80% **d)** 48%
e) 8% **f)** 5%
g) 87.5% **h)** 36.7%

Q3 **a)** 62% **b)** 74%
c) 40% **d)** 90%
e) 7% **f)** 2%
g) 12.5% **h)** 98.7%

Q4 **a)** 0.25 **b)** 0.49
c) 0.03 **d)** 0.3

Q5 **a)** 3/4 **b)** 3/5
c) 3/20 **d)** 53/100

Q6 **a)** 1/2 **b)** 4/5
c) 19/100 **d)** 1/4
e) 16/25 **f)** 3/50
g) 1/8 **h)** 3/40

Fractions P.14-P.17

Q1 E.g.

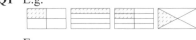

E.g.

Q2 **a)** 1/4 **b)** 3/4
c) 1/3 **d)** 2/3
e) 1/3 **f)** 3/4

Q3 **a)** 1/2 = 2/4 = 3/6 = 4/8 = 5/10
= 25/50 = 35/70 = 50/100
b) 200/300 = 100/150 = 10/15
= 40/60 = 120/180 = 6/9 = 2/3
c) 7/10 = 14/20 = 21/30
= 210 / 300 = 49/70 = 14/20
d) 19/20 = 76/80 = 38/40 = 57/60
= 95/100 = 950/1000

Q4 **a)** 1/5, 3/10
b) 6/21, 3/7
c) 4/6, 11/15, 4/5
d) 1/3, 5/12, 4/6

Q5 Healthybix has less sugar as a fraction.

Q6 **a)** 6 **b)** 6 **c)** 10
d) 11 **e)** 45 **f)** 4

Q7 **a)** 32 ÷ 8 = 4
b) 50 ÷ 10 = 5
c) 144 ÷ 12 = 12
d) 75 ÷ 25 = 3
e) 180 ÷ 30 = 6
f) 540 ÷ 27 = 20

Q8 **a)** 60 ÷ 3 = 20, 2 × 20 = 40
b) 25 ÷ 5 = 5, 4 × 5 = 20
c) 63 ÷ 9 = 7, 7 × 7 = 49
d) 100 ÷ 10 = 10, 3 × 10 = 30
e) 760 ÷ 19 = 40, 12 × 40 = 480
f) 1.80 ÷ 9 = 0.2, 6 × 0.2 = £1.20 or 120p
g) 9 ÷ 18 = 0.5, 10 × 0.5 = £5

Q9 £45

Q10 £16

Q11 0.4 kg

Q12 **a)** $1\frac{1}{2}$ **b)** $1\frac{3}{4}$
c) $2\frac{2}{3}$ **d)** $\frac{5}{2}$
e) $\frac{10}{3}$ **f)** $\frac{8}{5}$

Q13 **a)** 1 **b)** $\frac{3}{10}$
c) $1\frac{7}{15}$ **d)** $1\frac{1}{2}$
e) 8 **f)** $7\frac{2}{9}$

Q14 **a)** $\frac{2}{3}$ **b)** $\frac{1}{6}$
c) $\frac{25}{48}$ **d)** $3\frac{3}{5}$
e) 12 **f)** $2\frac{2}{3}$

Q15 **a)** $1\frac{1}{4}$ **b)** $\frac{5}{6}$
c) $1\frac{1}{12}$ **d)** $4\frac{1}{15}$
e) $4\frac{1}{2}$ **f)** $1\frac{7}{10}$

Q16 **a)** $2\frac{1}{12}$ **b)** $9\frac{3}{5}$
c) $1\frac{11}{20}$ **d)** $3\frac{8}{9}$
e) $2\frac{5}{6}$ **f)** $7\frac{7}{8}$

Q17 **a)** 1/12 **b)** 1/4
c) 2/3

Q18 **a)** 3/4 of the programme
b) 5/8 of the programme
c) 1/8 of the programme

Q19 **a)** 9/15 = 3/5
b) 18/45 = 2/5

Q20 £15

Q21 Charity: £400, Tax: £400, Left over: £1600.

Fractions and Recurring Decimals P.18

Q1 **a)** Recurring
b) Terminating
c) Recurring
d) Recurring
e) Terminating
f) Terminating

Q2 **a)** 0.2̇ **b)** 0.3̇46̇
c) 0.1̇9̇ **d)** 0.67̇
e) 0.3̇854̇ **f)** 0.48̇3̇

Q3 **a)** $\frac{1}{9}$ **b)** $\frac{1}{3}$ **c)** $\frac{1}{8}$
d) $\frac{1}{7}$ **e)** $\frac{1}{4}$ **f)** $\frac{1}{6}$

Answers: P.18 — P.29

Q4 a) $4 \div 9 = 0.444... = 0.\dot{4}$

b) $3 \div 11 = 0.2727... = 0.\dot{2}\dot{7}$

c) $2 \div 3 = 0.666... = 0.\dot{6}$

d) $5 \div 9 = 0.555... = 0.\dot{5}$

e) $7 \div 11 = 0.6363... = 0.\dot{6}\dot{3}$

f) $2 \div 7 = 0.285714285714...$
   $= 0.\dot{2}8571\dot{4}$

Proportion Problems P.19

Q1 £1.60

Q2 a) 400 g

b) 300 g

c) She will need 350 g of butter so she doesn't have enough.

Q3 a) 1.56

b) 2.5

c) the larger bar

Q4 the larger box

Percentages P.20-P.22

Q1 a) £6   b) £5

c) £5   d) £2.50

e) £15   f) £60

g) 9 cm   h) 0.439 kg

i) £1.28   j) 629 kg

k) 16 mins l) 44%

m) 420   n) 45

o) 60

Q2 a) £15.30   b) £5

Q3 £1068

Q4 a) £61.20   b) £68.40

Q5 Taxable Pay = £12 500

a) £2500

b) £5000

Q6 £28.56

Q7 a) £49.90 b) £52

c) £132

Q8 Total = £208 + VAT = £249.60

Q9 a) 50%   b) 25%

c) 80%   d) 25%

e) 8%   f) 38%

Q10 a) Saved £10 of £45 = 22%

b) Saved £2 of £14.99 = 13%

c) Saved £4.75 of £27.50 = 17%

d) Saved £260 of £695 = 37%

e) Saved £33 of £132 = 25%

Q11 a) 40%   b) 5%

c) 9%   d) 33%

Ratios P.23-P.24

Q1 b) 5:7   c) 8:5

d) 2:3   e) 7:40

f) 21:68

Q2 a) 10 litres   b) 20 litres

c) 35 litres

Q3 a) 25 ml   b) 75 ml

c) 105 ml

Q4 a) £39   b) £140

Q5 a) 5500   b) 23265

Q6 a) $1 + 4 = 5$

$100 \text{ g} \div 5 = 20 \text{ g}$

$1 \times 20 \text{ g} = 20 \text{ g}$

$4 \times 20 \text{ g} = 80 \text{ g}$

20 g : 80 g

b) 200 m : 300 m

c) £4000 : £8000

d) 2.7 kg : 3.6 kg

e) £3.60 : £4.50

Q7 a) £4000

b) Paul, £16

c) 3 km, 4.5 km, 7.5 km

Rounding Off P.25-P.27

Q1 a) 3   b) 27

c) 2   d) 11

e) 6   f) 44

g) 10   h) 0

Q2 2

Q3 5

Q4 a) £4   b) £17

c) £12   d) £8

e) £1   f) £15

g) £7   h) £0

Q5 a) 2   b) 1

c) 12   d) 0

e) 2   f) 2

Q6 a) 20   b) 80

c) 70   d) 100

e) 120   f) 240

g) 960   h) 1060

Q7 a) 600   b) 800

c) 200   d) 500

e) 1300   f) 3300

g) 3000

Q8 a) 23 000 b) 37 000

c) 50 000

Q9 a) 7.3   b) 8.5

c) 12.1   d) 28.0

e) 9.4   f) 14.6

g) 30.4

Q10 a) 17.36 b) 38.06

c) 0.74   d) 6.00

e) 4.30   f) 7.04

Q11 a) 6.353   b) 81.645

c) 0.008   d) 53.270

e) 754.400   f) 0.000

Q12 £8.57

Q13 a) 10   b) 500

c) 1000   d) 0.02

e) 2000   f) 0.3

Q14 a) 1380   b) 1330

c) 0.296   d) 0.0214

Q15 a) 56.8

b) 57

c) 60

Estimating Calculations P.28

Q1 a) $20 \times 10 = 200$

b) $20 \times 20 = 400$

c) $60 \times 50 = 3000$

d) $100 \times 150 = 15\,000$

e) $12 \div 4 = 3$

f) $20 \div 5 = 4$

g) $100 \div 10 = 10$

h) $150 \div 15 = 10$

i) $200 \times 200 = 40\,000$

j) $500 \times 300 = 150\,000$

k) $900 \div 30 = 30$

l) $1200 \div 600 = 2$

(Other answers are possible depending on the approximations used.)

Q2 a) $24\,000 \div 12 = £2000$

b) $1000 + (0.1 \times 24\,000) = 3400$

c) $24\,000 - (24\,000 \times 0.1)$
   $= £21\,600$

(Other answers are possible.)

Q3 a) $\frac{60 \times 10}{5} = 120$

b) $\frac{30 \times 6}{2} = 90$

c) $\frac{20 \times 5}{4} = 25$

d) $\frac{20 \times 30}{4} = 150$

e) $\frac{3 \times 50}{0.5} = 150 \times \frac{2}{1} = 300$

f) $\frac{5 \times 8}{0.1} = 40 \times \frac{10}{1} = 400$

g) $\frac{7 \times 100}{0.5} = 700 \times \frac{2}{1} = 1400$

h) $\frac{5 \times 20}{0.2} = 100 \times \frac{5}{1} = 500$

(Other answers are possible.)

Square Roots and Cube Roots P.29

Q1 a) 8   b) 4

c) 6   d) 14

e) 23   f) 9

g) 27   h) 1

i) 13   j) 85

k) 1000   l) 5

Answers: P.29 — P.37

Q2 **a)** 2 and –2   **b)** 4 and –4
c) 3 and –3   **d)** 7 and –7
e) 5 and –5   **f)** 10 and –10
g) 12 and –12   **h)** 8 and –8
i) 9 and –9

Q3 **a)** 16   **b)** 12
c) 11   **d)** 100
e) 1   **f)** 0.5

Q4 **a)** 4   **b)** 3
c) 10   **d)** 2

Q5 5 cm

Q6 240 m

Powers P.30

Q1 **a)** 16
b) 1000
c) $3 \times 3 \times 3 \times 3 \times 3 = 243$
d) $4 \times 4 \times 4 \times 4 \times 4 \times 4 = 4096$
e) $1 \times 1 \times 1 \times 1 \times 1 \times 1 \times 1 \times 1 = 1$
f) $5 \times 5 \times 5 \times 5 \times 5 \times 5 = 15\,625$

Q2 **a)** 2^8 **b)** 12^5
c) m^3 **d)** y^4

Q3 **a)** 64   **b)** 10 000
c) 248 832   **d)** 2197

Q4 **b)** $(10 \times 10 \times 10) \times$
$(10 \times 10 \times 10 \times 10) = 10^7$
c) $(10 \times 10 \times 10 \times 10) \times$
$(10 \times 10) = 10^6$
d) Add the powers.

Q5 **b)** 2^3
c) $(4 \times 4 \times 4 \times 4 \times 4)/(4 \times 4 \times 4)$
$= 4^2$
d) $(8 \times 8 \times 8 \times 8 \times 8)/(8 \times 8) = 8^3$
e) Subtract the powers.

Q6 **a)** 10^2 **b)** 8^4
c) 6^5 **d)** x^5
e) a^9 **f)** p^{15}

Section Two — Algebra
Algebra P.31-P.32

Q1 **b)** 0
c) $25f - 15$
d) $28x - 1$
e) $15x - y$
f) $35a + 24b$
g) $-6f - 14g$
h) $12a^2 + 16a - 3$

Q2 **b)** $5x^2 + 3x - 1$
c) $3x^2 - 4x + 18$
d) $6y^2 + 9y - 5$
e) $a^2 - 4a + 4$
f) $-3x^2 - 5x + 7$
g) $3x^2 + 9x$
h) $5y^2 - 2y - 6$

Q3 **b)** $4x - 12$ **c)** $8x^2 + 16$
d) $-2x - 10$ **e)** $-y + 2$
f) $xy + 2x$ **g)** $x^2 + xy + xz$
h) $10a + 12b$

Q4 **a)** b^5 **b)** $4cd$
c) $12ef$ **d)** $15g^3$
e) $56h^2$ **f)** $2j^3k$

Q5 **a)** $4(x + 2)$ **b)** $4(3 - 2x)$
c) $4(1 - 4x)$ **d)** $4(x^2 + 16)$

Q6 **a)** $x(2 + x)$ **b)** $x(2 - x)$
c) $x(1 - 16x)$ **d)** $x(4x - 3)$

Q7 **a)** $2(x + 2)$ **b)** $3(x + 4)$
c) $12(2 + x)$ **d)** $4(4x + y)$
e) $3(x + 5)$ **f)** $10(3 + x)$
g) $3x(3x + 1)$ **h)** $5x(x + 2)$
i) $7x(x + 3)$ **j)** $y(3 + xy)$

Solving Equations P.33

Q1 **a)** 14   **b)** 18
c) 29   **d)** 445
e) -23.9   **f)** -10

Q2 **a)** 11   **b)** 25
c) 84   **d)** 1000
e) 9.3   **f)** 2 or -2

Q3 **a)** 7   **b)** 12
c) 43   **d)** 5
e) -1.5   **f)** 4 or -4

Q4 **a)** 4   **b)** 7
c) 7   **d)** 4

Q5 **a)** 18   **b)** 75
c) 18   **d)** 714

Using Formulas P.34

Q1 23

Q2 40

Q3 13.5

Q4 **a)** £2500
b) Yes, they make a profit of £100.

Q5 **a)** 520p or £5.20
b) 450p or £4.50

Q6 **a)** 47 sheep in each field.
b) 82 sheep in each field.

Q7 30 minutes

Making Formulas from Words P.35

Q1 **a)** $x + 3$
b) $y - 7$
c) $4x$ or $4 \times x$
d) y^2
e) $10/b$ or $10 \div b$
f) $n + 5$

Q2 **a)** 21   **b)** 26
c) $16 + x$

Q3 **a)** £50   **b)** £150
c) £25y

Q4 **a)** $n + 3$
b) $n - 4$
c) $n \times 2$ or $2n$

Q5 **a)** 12 cm, 9 cm^2
b) $4d$ cm, d^2 cm^2

Q6 x^3 cm^3

Q7 $C = 5h + 10$

Rearranging Formulas P.36

Q1 **a)** $x = y - 4$
b) $x = (y - 3)/2$
c) $x = (y + 5)/4$
d) $b = (a - 10)/7$
e) $z = (w - 14)/2$
f) $t = (s + 3)/4$
g) $x = (y - \frac{1}{2})/3$
h) $x = 3 - y$
i) $x = y/5 - 2$

Q2 **a)** $x = 10y$ **b)** $t = 14s$
c) $b = 3a/2$ **d)** $e = 4d/3$
e) $g = 8f/3$ **f)** $x = 5y - 5$
g) $x = 2y + 6$ **h)** $b = 3a + 15$

Q3 **a)** $c = 1.5 + 1.4m$
b) $m = (c - 1.5) / 1.4$
c) 6 miles

Q4 $5(18.5 + x) + 5 = 116$
$x = £3.70$

Number Patterns and Sequences P.37-P.38

Q1 **a)**

4, 7, 10, 13, 16
b)

12, 19, 26, 33, 40
c)

4, 10, 16, 22, 28

Q2 **a)** 44 442 222
4 444 422 222
444 444 222 222
b) 4 400 001
53 000 001
620 000 001

Q3 No. The sequence starts with an odd number and adds an even number on each time, so all terms in the sequence must be odd.

Answers: P.38 — P.44

Q4 **a)** 9, 11, 13, add 2 each time
b) 32, 64, 128, multiply by 2 each time
c) 30 000, 300 000, 3 000 000, multiply by 10 each time
d) 19, 23, 27, add 4 each time

Q5 **a)** $(3 \times 2) + 1 = 7$
$(3 \times 3) + 1 = 10$
$(3 \times 4) + 1 = 13$
b) 3, 8, 13, 18, 23
c) 1, 4, 9, 16, 25

Q6 **a)** $2n$ **b)** $2n - 1$
c) $3n + 2$

Q7 **a)** £65 **b)** £95
c) $15n + 20$ **d)** £290

Trial and Improvement P.39

Q1 Try $x = 3.5$, $x^3 = 42.875$
too small
$x = 3.7$, $x^3 = 50.653$ too big
$x = 3.6$, $x^3 = 46.656$ too small
Try middle value $x = 3.65$,
$x^3 = 48.627$ too small,
so the answer to 1 d.p. = 3.7

Q2 **a)** Try $x = 8$, $x^2 + x = 72$
too small
$x = 8.5$, $x^2 + x = 80.75$ too big
$x = 8.4$, $x^2 + x = 78.96$
too small
Try middle value $x = 8.45$,
$x^2 + x = 79.85$ too small,
so the answer to 1 d.p. is $x = 8.5$
b) Try $x = 5$, $x^3 - x = 120$ too big
$x = 4.5$, $x^3 - x = 86.625$
too small
$x = 4.7$, $x^3 - x = 99.123$
too small
$x = 4.8$,
$x^3 - x = 105.792$ too big
Try middle value $x = 4.75$,
$x^3 - x = 102.42$ too big,
so the answer to 1 d.p. is $x = 4.7$

Inequalities P.40

Q1 **a)** $0 \leq x \leq 4$ **b)** $-1 \leq x < 3$
c) $9 < x \leq 13$ **d)** $-3 < x < 1$
e) $-4 \leq x$ **f)** $x < 5$
g) $0 < x < 2$ **h)** $-15 \leq x \leq -14$
i) $25 < x$ **j)** $-1 < x \leq 3$
k) $0 < x < 5$ **l)** $x < 0$

Q2 **a)** $x \geq 8$ **b)** $x > -5$
c) $x > 3$ **d)** $x \leq 13$
e) $x > -1/5$ **f)** $x \geq 7$
g) $x > 40$ **h)** $x \leq 3$
i) $x < 4$ **j)** $x \leq 5$
k) $x \leq 6$ **l)** $x \geq 7\frac{1}{2}$

Q3 $1130 \leq 32x$, 36 classrooms

Q4 $4.7 + 0.9 + 0.65x \leq 10$
$x \leq 6.769...$, so 6 potatoes

Section Three — Graphs

X and Y Coordinates P.41

Q1

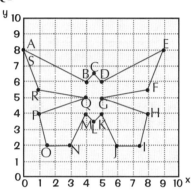

Butterfly

Q2 **a)** Airport (3, -6)
Mount Teide (2, -2)
Santa Cruz (8, 6)
Puerto Colon (-2.5, -7)
b), c)

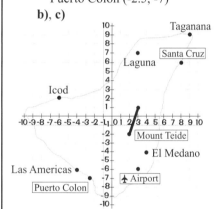

Midpoint of a Line Segment P.42

Q1 **a)** (3 , 4) **b)** (5 , 5)
c) (6 , 11) **d)** (8 , 9)
e) (3 , 3) **f)** (9 , 6)

Q2 **a)** (3 , 5.5) **b)** (3.5 , 1.5)
c) (2 , 2.5) **d)** (2 , 2)
e) (-3 , -3.5)

Q3 **a)** Art-Biology (2.5 , 2)
Gym-Humanities (-3 , -2)
Languages-Maths (2.5 , 3.5)
b) Dining Hall, (2, -1)

Straight-Line Graphs P.43-P.45

Q1, Q2 b), Q3 b)

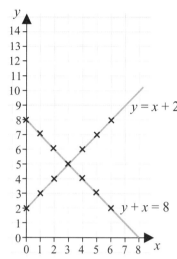

Q2 **a)**

x	0	1	2	3	4	5	6
y	2	3	4	5	6	7	8

Q3 **a)**

x	0	1	2	3	4	5	6
y	8	7	6	5	4	3	2

Q4 **a)**

x	0	5	10	15	20	25	30
y	30	40	50	60	70	80	90

b)

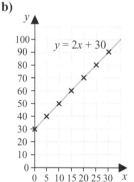

Q5 **a)** $-\frac{1}{2}$ **f)** $-\frac{8}{3}$
b) 3 **g)** 4
c) $-\frac{1}{4}$ **h)** 1
d) -2 **i)** -1
e) $-\frac{2}{3}$ **j)** $\frac{1}{3}$

Q6 A; $m = 1$, $c = 3$, $y = x + 3$
B; $m = 2$, $c = 5$, $y = 2x + 5$
C; $m = 1/2$, $c = -4$, $y = \frac{1}{2}x - 4$
D; $m = -1$, $c = 7$, $y = -x + 7$

Q7 **a)**, **b)** and **d)** are straight lines.

Answers: P.45 — P.50

Q8 a) - d)

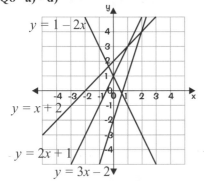

$y = 1 - 2x$

$y = x + 2$

$y = 2x + 1$

$y = 3x - 2$

Q9 a) 4, (0, 2) **b)** 5, (0, -1)
　　c) 6, (0, 0) **d)** 2, (0, 5)
　　e) 1, (0, 0) **f)** -1, (0, 3)
　　g) -2, (0, 10) **h)** 1/2, (0, 2)

Q10 $m = 3$, $c = 8$

Q11 a) A $y = 70x + 500$
　　　　B $y = 50x + 700$
　　b) Company B.

Travel Graphs P.46

Q1 a) 1:00 pm **b)** 30 miles
　　c) 30 mins **d)** E
　　e) 45 mins **f)** 80 mph

Q2 a) 9.00 – 9.15 am **b)** 16 km/h
　　c) 9.30 am **d)** 5 minutes
　　e) 1 hour **f)** 10 km/h

Conversion Graphs and Real-Life Graphs P.47

Q1 a) £5
　　b) £9.50
　　c) £17
　　d) No (Each 4.5 mile journey costs more than £8)

Q2 a) 12-13 miles **b)** 43-44 miles
　　c) 56-57 miles

Q3 a) 63-65 km **b)** 15-17 km
　　c) 47-49 km

Q4 a) 3 adults **b)** £40

Quadratic Graphs P.48

Q1 a)

x	-2	-1	0	1	2	3	4
x^2	4	1	0	1	4	9	16
-4x	8	4	0	-4	-8	-12	-16
1	1	1	1	1	1	1	1
$y=x^2-4x+1$	13	6	1	-2	-3	-2	1

b) & c)

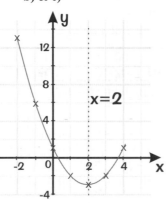

$x=2$

d) $x = 0.3$ or 3.7 (accept 0.2 to 0.4 and 3.6 to 3.8)

Q2 a)

x	-4	-3	-2	-1	0	1	2	3	4
3	3	3	3	3	3	3	3	3	3
$-x^2$	-16	-9	-4	-1	0	-1	-4	-9	-16
$y=3-x^2$	-13	-6	-1	2	3	2	-1	-6	-13

b)

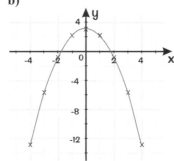

c) $x = \pm1.7$ (accept ±1.6 to ±1.8)

Q3 a)

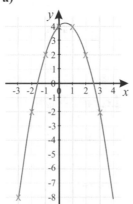

b) $x = -1.6$ or 2.6 (accept -1.8 to -1.4 and 2.4 to 2.8)

Section Four — Shapes and Area

Symmetry P.49

Q1

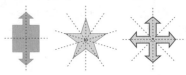

Q2

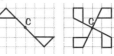

Q3 a) 4 **b)** 2
　　c) 3 **d)** 2

Symmetry and Tessellations P.50

Q1

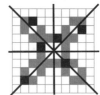

Q2

Q3

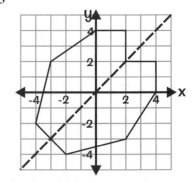

Q4

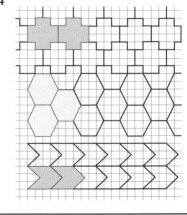

Answers: P.51 — P.59

Properties of 2D Shapes
P.51-P.52

Q1 **a)** 2, 2
b) equilateral
c) no, no
d) right-angled

Q2 E.g.

Q3

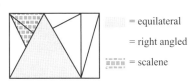

= equilateral
= right angled
= scalene

Q4 12, scalene

Q5 Missing words (reading down):
Rectangle, parallelogram, parallel, two, equal
Missing drawings:

Q6 Parallelograms have two pairs of equal angles, so one of the missing angles will be 52º.
Sum of interior angles = 360º
So two interior angles
= 360º − (2 × 52º) = 256º
256º ÷ 2 = 128º
So the three other angles will be 52º, 128º and 128º.

Congruence and Similarity
P.53

Q1 b

Q2 a

Q3 Scale factor = 40/20 = 2
Old length = new length/2
L = 50/2 = 25 cm

Q4 **a)** No — the ratios are different
2:3 ≠ 5.5:9
b) Yes — all angles are the same.

Q5 Yes

Q6 A, D and E

3D Shapes and Projections
P.54

Q1 **a)** Cylinder
b) Cone
c) Sphere
d) Cube

e) Square-based pyramid
f) Cuboid
g) Triangular prism

Q2

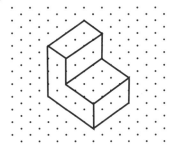

Q3 **a)** Front elevation:

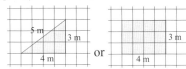

Side elevation:

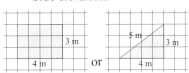

Plan:

b) 5
c) 9
d) 6

Q4

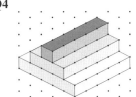

Perimeters P.55

Q1 **a)** 14, 6, 40
b) 17 + 23 + 20 = 60
c) 8 + 12 + 6 + 6 + 12 = 44

Q2 40 m

Q3 **a)** 76 cm
b) 72 cm

Q4 **a)** 68 m
b) 68 ÷ 5 = 13.6, so 14 rolls needed

Areas P.56-P.59

Q1 **a)** 10, 4, 40 **b)** 1045
c) 4340 **d)** 5.55

Q2 **a)** 3, 6, 18
b) 2, 5.1, 10.2

Q3 Room 1 = 4.8 × 3.9 = 18.72 m²
Room 2 = 4.2 × 3.1 = 13.02 m²
Total area of carpet needed
= 18.72 + 13.02 = 31.74 m²

Q4 **a)** 12, 9, 54 **b)** 7.5
c) 87.5 **d)** 5.12
e) 122 500

Q5 **a)** 3.3, 4.6, 7.59
b) 3.6, 4.1, 7.38

Q6 Area of small triangle
= ½ × 15 × 15 = 112.5 cm²
Area of larger triangle
= ½ × 15 × 35 = 262.5 cm²
Total area
= 112.5 + 112.5 + 262.5 + 262.5
= 750 cm²

Q7 **a)** Shape A: length = 15 cm, width = 10 cm.
Area = 15 × 10 = 150 cm²
Shape B: length = 5 cm, width = 4 cm
Area = 5 × 4 = 20 cm²
Total = 150 + 20 = 170 cm²
b) Shape A: 20 × 12 = 240 cm²
Shape B: base = 12 cm, height = 5 cm
Area = ½(12 × 5) = 30 cm²
Total Area = 240 + 30
= 270 cm²
c) Shape A: 23 × 17 = 391 cm²
Shape B: ½(23 × 4) = 46 cm²
Total Area = 391 + 46
= 437 cm²
d) Shape A: 8 × 6 = 48 cm²
Shape B: ½(14 × 6) = 42 cm²
Total Area = 48 + 42 = 90 cm²

Q8 0.5 × 1.5 = 0.75 m²
1.5 × 1.5 = 2.25 m²
Total Area = (4 × 0.75)
+ 2.25 = 5.25 m²
He needs to buy 6 bags of gravel.

Q9 Base length = 4773 ÷ 43 = 111 mm

Q10 Area of metal blade
= ½ × 35 × (70 + 155)
= 3937.5 mm²

Q11 **a)** 48 ÷ 5 = 9.6 m long
b) Area of 1 roll = 11 m × 0.5 m
= 5.5 m².
48 m² ÷ 5.5 m² = 8.73 rolls, so 9 rolls should be ordered.

Circles P.60-P.61

Q1

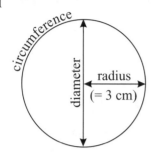

- circumference
- diameter
- radius (= 3 cm)

Q2 B = major sector
C = chord
D = tangent

Q3 a) 6.28 cm
b) 10.99 cm
c) diameter = 5 cm,
circumference = 15.70 cm
d) 21.98 cm

Q4 1.88 m

Q5 8836 cm²

Q6 2262 ml

Q7 a) 177 cm² (to nearest cm²)
b) 77.1 cm (to 1 d.p.)
c) No

Q8 a) 16 286 m²
b) 17 203 – 16 286 = 917 m²

Q9 C = π × D = π × 0.64 m
= 2.0106... × 100 = 201 m

Volume P.62-P.64

Q1 140 cm³

Q2 a) 125 cm³
b) 729 cm³
c) 3375 cm³

Q3 16 × 16 × 6 = 1536 cm³, no

Q4 a) 360 cm³
b) 2880 cm³

Q5 10 cm × 6 cm × 9 cm

Q6 432 m³

Q7 8 cm³, yes

Q8 a) 12, 12   b) 11, 11
c) 30, 30   d) 36, 36
e) 60, 60

Q9 a) (30 × 90) + [(60 + 30) × 30]
= 5400 cm²
b) 5400 × 100 = 540 000 cm³

Q10 (½ × 4 × 3) × 8 = 48 cm³

Q11 Volume = π × 0.3² × 1.7
= 0.48 m³

Q12 a) V = 3.14 × 7² × 9
= 1384.74 cm³
b) L = 1200 ÷ (49 π) = 7.79... cm
= 8 cm to nearest whole cm.

Q13 a)

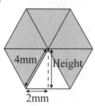

4mm   Height
2mm

height = 3.464,
so area of hexagon
= 6 × ½ × 4 × 3.464
= 41.57 mm².
b) Area of wood
= area of hexagon
– area of circle radius 1 mm
= 41.568 – (π × 1²)
= 38.43 mm².
c) Volume of wood
= 38.426... × 200 = 7685 mm³

Nets and Surface Area P.65

Q1 a, c, d and f

Q2 a) E.g.

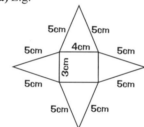

5cm 5cm
5cm 4cm 5cm
3cm
5cm 5cm
5cm 5cm

b) E.g.

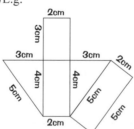

2cm
3cm
3cm 3cm
4cm 4cm 2cm
5cm 5cm 5cm
2cm

Q3 a) Area of each isosceles triangle
= ½ × 2.3 × 3.2 = 3.68 m²
b) Area of each side = 3.4 × 4
= 13.6 m²
c) Groundsheet = 2.3 × 4 = 9.2 m²
d) Total material
= 2 × 3.68 + 9.2 + 2 × 13.6
= 43.8 m²

Q4 No.

Section Five — Angles and Geometry

Angles P.66

b) obtuse, 143°   c) right, 90°
d) reflex, 301°   e) reflex, 248°
f) acute, 16°

Five Angle Rules P.67-P.68

Q1 a = 60°
b = 104°
c = 95°
d = 42°
e = 139°
f = 41°
g = 86°

Q2 110°   35°
60°   30°

Q3 80°   60°

Q4 a) QRP = 60°. Angles in a straight
line add to 180°.
b) RPQ = 180 – 60 – 45 = 75°.
c) 360° (as they do at any point).

Parallel and Perpendicular Lines P.69

Q1 a) and b)

C   B
A

Q2 a = 130° corresponding
b = 56° supplementary
c = 48° alternate
d = 72° alternate
e = 50° alternate
f = 65° corresponding
g = 46° supplementary
h = 75° alternate
i = 119° supplementary
j = 61° corresponding

Polygons and Angles P.70-P.71

Q1 A regular polygon is a many sided
shape where all the side lengths and
angles are the same.

Q2 a) 40°   b) 70°

Q3 a) 45°   b) 135°
c) 360°   d) 72°
e) 108°

Q4 a) 5 cm
b) Sum of interior angles
= (6 – 2) × 180° = 720°
angle c = 720 ÷ 6 = 120°

Q5 **a)** $(6 - 2) \times 180 = 720°$

b) $x + x + 2(x + 20) + 2(x + 40)$
$= 720$
$6x + 120 = 720$
$6x = 600, x = 100°$

Q6 **a)** Exterior angle $= 360 \div 10 = 36°$
Interior angle $= 180 - 36$
$= 144°$

b) $360 \div 144 = 2.5$, this is not
a whole number so regular
decagons do not tessellate.

Q7 Exterior angle $= 360 \div 6 = 60$
Interior angle $= 180 - 60 = 120°$
$360 \div 120 = 3$, so regular
hexagons tessellate as their
interior angle divides into $360°$
exactly.

Transformations — Translation P.72

Q1

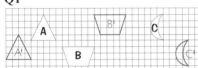

Q2

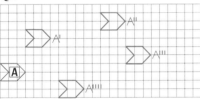

Q3 **a)** $S \xrightarrow{\binom{5}{2}} S_1$

b) $T \xrightarrow{\binom{0}{-5}} T_1$

c) $R \xrightarrow{\binom{-4}{-3.5}} R_1$

Transformations — Reflection P.73

Q1

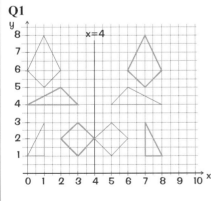

Q2

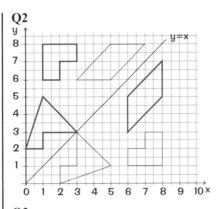

Q3

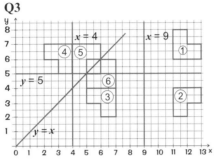

Q4 **a)** and **b)**

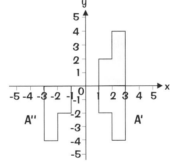

c) Rotation through $180°$ / half
turn, about the origin.

Transformations — Rotation P.74

Q1 **a)**

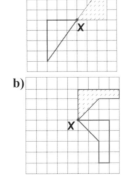

b)

Q2 **a)** P $(3 , 4)$, Q $(5 , 0)$, R $(0 , 1)$

b)

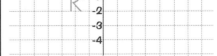

c) P′ $(-4 , 3)$, Q′ $(0 , 5)$, R′ $(-1 , 0)$

Transformations — Enlargement P.75

Q1

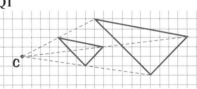

Q2 **a)** A: 3 B: 2 C: 3

b) Centres of enlargement marked:

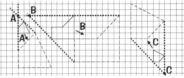

Q3

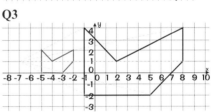

Similar Shape Problems P.76

Q1 Ratio of lengths $= 1.5:4.5 = 1:3$
So ST $= 3 \times$ QR $= 3 \times 0.9 = 2.7$ m

Q2 **a)** $1024 \div 640 = 1.6$

b) 768 pixels

Q3 **a)** $75°$

b) 9 cm

Q4 Larger shape ratio $= 1:2$
Area of large shape $= 10 \times 12$
$= 120$ m^2
Smaller shape ratio $= 1:3$
Area of small shape $= 6 \times 9 = 54$ m^2
So shaded area $= 66$ m^2

Answers: P.77 — P.87

Loci and Constructions P.77-P.79

Q1 a)

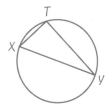

(not actual size)
Angle XTY = 90°

b) AB = 55 or 56 mm

Q2

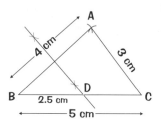

Q3

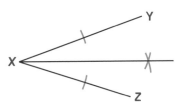

Q4

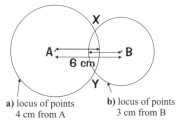

a) locus of points 4 cm from A
b) locus of points 3 cm from B

Q5 Area where house could go is shaded black:

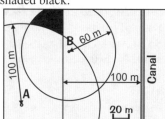

Q6

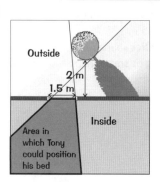

Q7

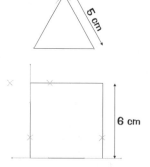

Pythagoras' Theorem P.80

Q1 c = 5 cm
d = 12 mm

Q2 A: 100 = 64 + 36 Yes
B: 144 ≠ 64 + 16 No
C: 36 ≠ 16 + 12.25 No
D: 625 = 576 + 49 Yes
So A and D are right angled.

Q3 e = 8 mm
f = 11.3 mm
g = h = 9.43 cm

Q4 9 m (9.539... m would round to 10 m to the nearest m, but it can't go higher than 9.539... m within the safety limits, so round down)

Section Six — Measures
Metric and Imperial Units P.81-P.82

Q1

Aberdeen			
168	Inverness		
240	280	Glasgow	
200	248	72	Edinburgh

Q2 22, 35.2, 165
22.5, 63, 180

Q3 30, 20, 12.5

Q4 90 litres

Q5 Tom by 1 km (or 0.625 miles).

Q6 2 bags

Q7 a) Yes (8 pints = 4.6 litres)
b) No
c) 0.67 pints (to 2 d.p.)

Q8 Car B

Converting Units P.83

Q1 2 cm, 60 mm, 3.47 km, 2000 m
300 000 cm, 3400 mm, 8.55 kg,
1200 ml, 4.4 l.

Q2 a) £4.69 b) £51.07
c) £341.50 d) The British courier

Q3 4 km/h

Q4 0.12 m², yes.

Rounding and Estimating Measurements P.84

Q1 2 – 3 m

Q2 75

Q3 a) 1.5 m
b) 1.5 m

Q4 545 cm

Reading Scales and Timetables P.85

Q1 a) 175 g b) 125 ml

Q2 a) 4 am b) 2.15 am
c) 9.30 pm

Q3 a) 1122 b) 230
c) 1533

Q4 a) 3 hours 45 mins
b) 12 mins
c) 5 hours 48 mins

Q5 11:55 am
[(25 + 5.5 × 40) = 4 hours 5 mins]

Q6 5 hours 15 mins

Q7 a) Train 3 b) Train 1
c) 12:08

Compass Directions and Bearings P.86-P.87

Q1 Cube

Q2 a) NW
b) SW
c) Jane's house
d) Church
e) North East then North West then West

Q3 122° to 126°

Q4 303° to 308°

Q5 a) 3 km, 185° to 190°
b) 5 km, 320° to 325°
c) 7.5 km, 338° to 342

Q6 & Q7

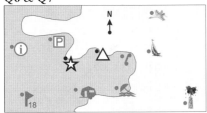

Maps and Scale Drawings P.88-P.89

Q1 **a)** 3.9 cm or 4 cm
b) 15.6 km or 16 km
c) Accept 50 to 52 km
d)

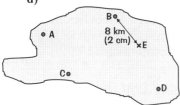

Q2 **a)** 13.15 m
b) Length: 1.85 m, width 2.45 m
Q3 Length: 10 cm, width: 7.5 cm
Q4 Length: 61 or 62 cm,
width: 16 cm
Q5 Width of gap on drawing: 13 mm,
Max. width: 780 mm = 78 cm
Q6 3 cm long, 2 cm wide
Q7 4 cm, 3 cm

Not actual size
2 cm, 0.75 cm

Speed P.90

Q1 165 miles
Q2

Distance Travelled	Time taken	Average Speed
210 km	3 hrs	70 km/h
135 miles	4 hrs 30 mins	30 mph
105 km	2 hrs 30 mins	42 km/h
9 miles	45 mins	12 mph
640 km	48 mins	800 km/h
70 miles	1 hr 10 mins	60 mph

Q3 **a)** $100 \div 11 = 9.09$ m/s (to 2 d.p)
b) 32.73 km/h
Q4 **a)** 32 minutes
b) 1200 m ÷ 56 seconds
= 21.428... m/s = 77.142... km/h
= 48.2 mph (1 d.p.)
So Simon was **not** speeding.

Section Seven — Statistics and Probability
Collecting Data P.91-P.92

Q1 **a)** This excludes any residents who don't shop in Cheapeez or who don't do their shopping early on a Saturday morning.
b) They should have sampled from all the residents in the surrounding area.
Q2 **a)** Fred's sample is non-random – the people in it are likely to be commuters. So, it doesn't fairly represent the whole population.
b) Fred should use a simple random sample – e.g. a random sample chosen from all public transport users in his town.
Q3 E.g.

Method of travel	Tally	Frequency
Bus		
Car		
Bike		
Walk		
Other		

Q4 E.g. The question is leading because it suggests an answer. This means it is not a fair question — people might be more likely to say 'yes'.
Q5 **a)** E.g. he doesn't include a 'Never' answer as an option.
b) Any sensible answer, e.g. "How many times a week do you visit the school canteen?"
Q6 **a)** There aren't enough choices of drink given.
b) E.g. give more of a range of drink choices.
Q7 **a)** The data could be biased because of the low response to the questionnaire, e.g. only people who really like music will be bothered to respond.
b) E.g. he could follow up the people who have not responded.

Mean, Median, Mode and Range P.93-P.94

Q1 **a)** 3
b) 52
Q2 23 °C
Q3 17 mins
Q4 **a)** 2, 2, 3, 4, 5, 6, 7, 9, 12.
Median is 5.
b) 2, 3, 5, 5, 7, 12, 14, 19, 21.
Median is 7.
Q5 134, 134, 139, 146, 148, 149, 152, 156, 157, 158, 162, 163, 167, 172, 174. Median is 156 cm.
Q6 **a)** 12.5 **b)** 9.2
c) 68.2
Q7 **a)** 4 **b)** 5
Q8 4
Q9 0.22 m or 22 cm
Q10 1 hr 5 mins or 65 mins
Q11 1930

Tables, Charts and Pictograms P.95

Q1

Time spent reading (mins)	Tally	Frequency
1 - 15	⊪⊪ I	6
16 - 30	⊪⊪ III	8
31 - 45	III	3
46 - 60	⊪⊪	5
61 - 75	III	3

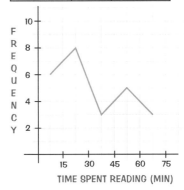

Q2 **a)** 35 **b)** 52
c) 9 **d)** 21
Q3 **a)** 60
b) 8
c) 4
d) e.g. Cola was the most popular and milk the least popular / cola was much more popular than milk.

Answers: P.96 — P.103

Line Graphs P.96

Q1 **a)** 38.5° C   **b)** 38.2° C
     c) 39° C   **d)** 11 am

Q2

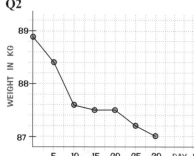

It dropped quickly in the first 10 days, levelled out for about 10 days then dropped more slowly for the next 10 days.

Bar Charts P.97

Q1 **a)** 9
     b) 9
     c) 35
     d) 7/35 = 1/5
Q2 **a)** 6 + 17 = 23
     b) 81 + 53 + 31 + 9 = 174
     c) 6 + 17 + 29 + 81 + 53 + 31 + 9 = 226
Q3 **a)** Monday, Wednesday and Thursday.
     b) Monday
Q4 **a)** About 60%
     b) About 10%

Pie Charts P.98-P.99

Q1

Programme	Hours	Angle
News	5	75°
Sport	3	45°
Music	2	30°
Current Affairs	3	45°
Comedy	2	30°
Other	9	135°
Total	24	360°

Q2 **a)** 1/3   **b)** £18 000
     c) 1/6   **d)** £9000

Q3

COUNTRY	WORKING	ANGLE in degrees
UK	90 ÷ 180 × 360 =	180°
MALAYSIA	35÷180×360	70°
SPAIN	10÷180×360	20°
OTHERS	45÷180×360	90°

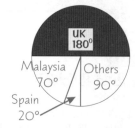

Q4

Activity	Hours	Working	Angle
Homework	6	6 ÷ 48 × 360 =	45
Sport	2	2÷48×360=	15°
TV	10	10÷48×360=	75°
Computer games	2	2÷48×360=	15°
Sleeping	18	18÷48×360=	135°
Listening to music	2	2÷48×360=	15°
Paid work	8	8÷48×360=	60°
Total	48	48÷48×360=	360°

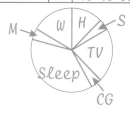

Q5 It's not possible to tell whether more people voted for the Green Party in 2009, because you can't tell how many people voted in either election.

Scatter Graphs P.100-P.101

Q1 **a)** Positive — the higher the temperature, the more ice cream sold.
     b) Negative — the higher the price, the less ice cream sold.
     c) None — no connection.
Q2 **a)**

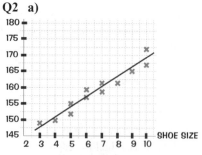

     b) There is positive correlation. The bigger the shoe size, the taller the pupil.
Q3 **a)** Point C   **b)** Point A
     c) Point B

Q4

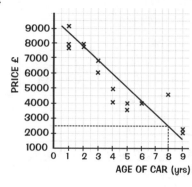

a) "The older the car, the cheaper it is." OR: "There is a negative correlation between age of car and price."
b) Using the line of best fit drawn above, the price will be approximately £2500.

Stem and Leaf Diagrams P.102

Q1 **a)** 6
     b) 12, 12, 14, 18, 18, 19, 19, 20, 21, 21, 22, 25, 26, 30, 30, 30, 35, 42, 45, 49, 68
Q2 **a)** 5   **b)** 7
     c) 65   **d)** 5
     e) 29
Q3 **a)**

1	1 2 8 9 9
2	0 2 7
3	1 4

     b) 23 mm
     c) 19.5 mm

Frequency Tables and Averages P.103

Q1 **a)**

GOALS	TALLY	FREQUENCY
0	ⅢⅢ ⅠⅠ	7
1	ⅢⅢ ⅢⅢ Ⅰ	11
2	ⅢⅢ Ⅰ	6
3	ⅢⅠ	4
4	ⅢⅠ	3
5	Ⅰ	1

     b) 1   **c)** 1   **d)** 5
Q2 **a)** 5
     b) See below:

Number of Hours	0	1	2	3	4	5	6	7	8
Frequency	1	9	10	10	11	27	9	15	8
Hours × Frequency	0	9	20	30	44	135	54	105	64

     c) 461 hours
     d) 461 ÷ 100 = 4.61 hours

Answers: *P.104 — P.108*

Grouped Frequency Tables
P.104-P.105

Q1 **a)** 35.5, 45.5, 55.5, 65.5
b) 50.7

Q2 **a)**

No. of Miles (thousands)	81 - 90	91 - 100
No. of Cars	3	1

b) 31 - 40 thousand miles
c) 41 - 50 thousand miles

Q3 **a)**

Dolphins		
Time interval (seconds)	Frequency	Mid-interval value
$14 \leq t < 20$	3	17
$20 \leq t < 26$	7	23
$26 \leq t < 32$	15	29
$32 \leq t < 38$	32	35
$38 \leq t < 44$	45	41
$44 \leq t < 50$	30	47
$50 \leq t < 56$	5	53

Sharks		
Time interval (seconds)	Frequency	Mid-interval value
$14 \leq t < 20$	6	17
$20 \leq t < 26$	15	23
$26 \leq t < 32$	33	29
$32 \leq t < 38$	59	35
$38 \leq t < 44$	20	41
$44 \leq t < 50$	8	47
$50 \leq t < 56$	2	53

b) Dolphins
Mid interval × frequency column adds up to 5287
Mean Time = 5287 / 137
= 38.6 s

Sharks
Mid Interval × Frequency column adds up to 4771
Mean time = 4771 / 143
= 33.4 s

Q4 **a)** It may be TRUE... it could be 161 cm or any other number in that class 161-165.
b) It may be TRUE... the difference between 151 to 171 or 155 to 175 leads to a range of 20 cm. But... we don't know where the lengths actually are in relation to the class limits... it could be that the shortest snake is 151 cm and the longest 175 cm giving a range of 24 cm.
c) FALSE... The modal class is the one with the largest frequency i.e. 156–160 and this contains 8 snakes.
d) FALSE... See reason for **a)** and also the fact that the median must be the 13th snake arranged in order, which happens in the 161-165 class.

Probability *P.106-P.108*

Q1 **b)** Impossible.
(Other answers will vary.)

Q2 **a)** 3/10
b) 5/10 = 1/2
c) 2/10 = 1/5
d) 7/10
e) 0

Q3 **a)** 3/6 = 1/2, 0.5, 50%
b) 26/52 = 1/2, 0.5, 50%
c) 2/52 = 1/26, 0.038, 3.8%
d) 3/6 = 1/2, 0.5, 50%

Q4 **a)** & **b)**

Q5

		2nd COIN	
		H	T
1st COIN	H	HH	HT
	T	TH	TT

a) 4, **b)** 1/4, **c)** 1/4

Q6

		SECOND DICE					
		1	2	3	4	5	6
FIRST DICE	1	2	3	4	5	6	7
	2	3	4	5	6	7	8
	3	4	5	6	7	8	9
	4	5	6	7	8	9	10
	5	6	7	8	9	10	11
	6	7	8	9	10	11	12

There are 36 different combinations.
a) 1/36
b) 5/36
c) 3/36 = 1/12
d) 6/36 = 1/6
e) 3/36 = 1/12
f) 0
g) Scoring an odd number / scoring an even number.

Q7

		SPINNER 1		
		2	3	4
SPINNER 2	3	6	9	12
	4	8	12	16
	5	10	15	20

Probability of scoring 12 is 2/9
Probability of winning is 3/9 = 1/3

Q8 **a)** 1/9
b) 0

Q9 **a)** 1/4
b) 25

Q10 Do an experiment — spin the spinner lots of times and record the results. If you spin it 120 times, then each number should come up about 20 times.

Q11 **a)** 14/40 or 0.35
b) 24/60 = 0.4
c) 38/100 = 0.38

Section Seven — Statistics and Probability

ISBN 978 1 84146 582 1

9 781841 465821

MXFA45

www.cgpbooks.co.uk